शुरुआत
एक नये सफर की

चारू पाण्डेय

ISBN 979-888569199-4

मैं यह काव्य संकलन अपने बाबा (दादा जी) स्वर्गीय सूर्य नारायण पाण्डेय जी को सादर समर्पित कर रही हूं।

"हल्की सी एक याद, गहरी छाप छोड़ जाती है
मेरे बाबा की बात मुझे हर वक्त हिम्मत दिलाती है। "

स्वर्गीय सूर्य नारायण पाण्डेय जी

"मेरे बचपन के संदूक में, मेरे बाबा का प्रेम है।"

क्रम-सूची

प्रस्तावना

प्रेम,आधुनिकता,अहसास और जीवन की अव्यक्त भावनाओं का एक अनुठा सफर है - "शुरुआत"

"शुरुआत" एक नए सफर की "काव्य संग्रह जैसा की इस पुस्तक का नाम है। बिल्कुल उसी तरह इसे तैयार भी किया गया है। इसमें अंगित एक-एक कविता आपको किसी एक नए सफर पर ले जाएगी। मात्र 16-17 कविताओं की इस किताब में लेखिका चारू ने हर कविता के साथ एक उम्दा संदेश भी देने का गिलहरी प्रयास किया है।

यह किताब किसी डायरी की तरह भी प्रतीत होती है,जो आपको लेखिका के जीवन और उनकी सोच के भीतर झांकने का मौका देती है। इस लिहाज से भी इस पुस्तक का नाम सही प्रतीत होता है। यह पुस्तक जिंदगी के सफर में मिलने वाले छोटे-मोटे सभी अनुभवों की गुल्लक है। जीवन और उसके अनुभव से जुड़ी ये कविताएं और इनकी कहानी रुचिकर हैं, पर वे आपके दिलो-दिमाग़ पर गहरी छाप छोड़ जाती हों, ऐसा नहीं होता हां, इस किताब को पढ़ते हुए आप अपनी ज़िंदगी के किसी बीते हुए लम्हे में ज़रूर पहुंच जाते हैं और उन्हें याद करने लगते हैं, जो पुस्तक को सार्थक बना देता है।

यह बात भी सच है कि कविता के एक छोटे सफर की शुरुआत में के रुप में यह एक अभिनव प्रयोग है।

यदि आप एक नए प्रयोग के रूप में इस पुस्तक को पढ़ना चाहेंगे तो निराशा नहीं होगी।

मैं लेखिका के उज्जवल भविष्य की कामना करता हूँ। मां सरस्वती से यही प्रार्थना करता हूँ की आपकी कलम सदैव सकारात्मकता बिखेरती हुई चलती रहे।

और साहित्य के पटल पर अपना नाम खुब रौशन करें।

भूमिका

'शुरुआत' काव्य संकलन साहित्य की ओर मेरे जीवन में एक नई शुरुआत है ।

मैं स्वयं को बहुत सौभाग्यशाली समझती हूं कि मैंने साहित्य की ओर एक नई शुरुआत की है यह शुरुआत मुझे हिंदी को भाषा तक सीमित ना करके हिंदी को विषय से बढ़कर प्रेम समझने की शुरुआत हैं।इस काव्य संकलन में कुल 16 रचनाएँ है।मैंने इन रचनाओं के माध्यम से मैंने साहित्य के प्रति अपनी एक नई शुरुआत की है जिसे मैं सभी साहित्य प्रेमियों को समर्पित करती हूं और मेरा यह प्रयास है कि मैं अपनी रचनाओं के माध्यम से समाज में एक सकारात्मक बदलाव ला सकूं।

कुछ रचनाएं समाज पर आधारित है तो कुछ रचनाएं मेरे स्वयं की भावनाओं को प्रदर्शित करती हैं ।हिंदी साहित्य हमें यह मौका देता है कि हम कलम की ताकत से समाज में सुधार ला सकते हैं और राष्ट्र के प्रति अपना योगदान दे सकते हैं।

साहित्य एक ऐसी शक्ति है कि जो हर वर्ग में किसी भी प्रकार के भेदभाव किए बिना सत्य की ओर अग्रसर रहने की प्रेरणा देता है और समाज में हो रहे कुरीतियों का विरोध करने की हिम्मत भी हमें साहित्य से प्राप्त होता है।

संभवत मेरा भी एक छोटा सा प्रयास है कि मैं इस काव्य संकलन के माध्यम से एक सकारात्मक बदलाव की पहल कर सकूं और आगामी भविष्य में मैं सशक्त प्रयास करूंगी कि मैं सभी पाठक गण एवं समाज के हर वर्ग को अपने लेखन के माध्यम से जागरूक कर सकूं।
इस काव्य संकलन में मुझसे कोई भी त्रुटियां हुई होंगी तो मैं क्षमा प्रार्थी हूं।

चारू पाण्डेय ; छात्रा,काशी हिंदू विश्वविद्यालय
वाराणसी

पावती (स्वीकृति)

मित्र जीवन की एक औषधि है। हमें अपने मित्रों से यह आशा रखनी चाहिए कि वे उत्तम संकल्पों मे हमें दृढ़ करेंगे, दोष और त्रुटियों से हमें बचायेंगे, हमारे सत्य , पवित्रता और मर्यादा के प्रेम को पुष्ट करे, जब हम कुमार्ग पर पैर रखेंगे, तब वे हमें सचेत करेंगे, जब हम हतोत्साहित होंगे तब हमें उत्साहित करेंगे। सारांश यह है कि वे हमें उत्तमतापूर्वक जीवन निर्वाह करने में हर तरह से सहायता देंगे। सच्ची मित्रता से उत्तम से उत्तम वैद्य की-सी निपुणता और परख होती है, अच्छी से अच्छी माता का सा धैर्य और कोमलता होती है। ऐसी ही मित्रता करने का प्रयत्न हम सभी को करना चाहिए।

मित्र का कर्त्तव्य इस प्रकार बताया गया है की "उच्च और महान कार्य में इस प्रकार सहायता देना, मन बढ़ाना और साहस दिलाना कि तुम अपनी निज की सामर्थ्य से बाहर का काम कर जाओ।" यह कर्त्तव्य उस से पूरा होगा जो दृढ़-चित्त और सत्य-संकल्प का हो। इससे हमें ऐसे ही मित्रों की खोज में रहना चाहिए जिनमें हमसे अधिक आत्मबल हो। हमें उनका पल्ला उसी तरह पकड़ना चाहिए जिस तरह सुग्रीव ने राम का पल्ला पकड़ा था। मित्र हों तो प्रतिष्ठित और शुद्ध हृदय के हों।

मैं भी अपने इस काव्य संकलन की सफलता के लिए अपनी दोस्त "खुशबु तिवारी" का धन्यवाद देना चाहती हूँ ।

उनके बिना इस काव्य संकलन की कल्पना भी अधुरी सी लगती है।

1. काशी

गंगा की धारा से सजी काशी

हृदय में भोलेनाथ को लिए

चौरासी घाटों से अलंकृत काशी

जैसे मुख पर शिव के आभा को लिए

गंगा संग सूर्य प्रभात में निखर गई काशी

जैसे प्रेम के क्षितिज रूप को लिए

आरती की धुन में लीन है काशी

जैसे कोई साध्वी काशी का रूप लिए

गलियों के हर रंग में यूं बसा है काशी

जैसे हर गलियां मग्न महादेव को लिए

हर रस में डूबी चाशनी सी काशी

जैसे हर लफ्ज़-ए-यहां मिठास लिए

कत्था चूना गुलकंद से बनी पान

जैसे काशी अधर पर लाली को लिए

साहित्य प्रेयसी सी हो गई काशी

जैसे साहित्य प्रेरणा की नींव लिए

हर धर्म के रंग में यूं सवरती है काशी

जैसे बयां कर रही जीवन के सत्य को लिए

शिव के एकांत ध्यान में लीन है काशी

जैसे मोक्ष रहस्य का ज्ञान लिए दुनियादारी से परे है काशी

जैसे अंतिम सत्य मणिकर्णिका को लिए

जीवन का सत्य शिवमय है काशी

जैसे परम धाम बैकुंठ को लिए

2. आधुनिकता या अंधकार

आधुनिकता या अंधकार उलझा देते हैं
यह शब्द मुझे हर रोज अखबार के पन्नों में
दर्द का किस्सा होता धर्म के बुनियाद में
वही औरत पूजी जाती मंदिर के दरबार में
वही औरत का शोषण होता
अंधकार के काल में
ज़ख्मो को सुर्खियां मिलती राजनीति के व्यापार मे
दहेज से तोला जाता शादी के सौगात में
तकलीफ के आंचल ओड़े तबस्सुम की आड़ में
दर-दर भटकती नारी इंसाफ की राह में
जिस्म जलाकर हवस की आग में
तुम शोक मनाते मोमबत्ती के उजियार में
चीर कर हृदय अपना तुम्हें जन्म देती संसार में
चीर से निश्चित होती चरित्र उसकी समाज में
दब सी गई कई आवाजें आधुनिकता के शोर में
ओझल हुई कई उम्मीदें विकास के अंधकार में
भविष्य की पैमाइश होती हिंदू-मुस्लिम आधार में
मातृत्व की व्याख्या होती आधुनिकता के अंधकार में
हर रोज एक निर्भया मरती इंसानियत के बाजार में
हर रोज एक प्रियंका जलती लोभ के विकास में
हर रोज आधुनिकता की बातें होती
उलझे हुए इंसान के अखबार में

3. सिर्फ मैं

भागती दुनिया में भटकती सी सिर्फ मैं
अनकही बातों में उलझी शब्द सी सिर्फ मैं
शांत फिजाओं में खुद को टटोलकर शोर मचाती सिर्फ मैं
अंधेरों से सजी रोशनी सी मुस्कुराती सिर्फ मैं
कड़कती धूप में तपती प्यास सी सिर्फ मैं
खंडित दर्पण में कल्पित प्रतिबिंब सी सिर्फ मैं
सपनों के सौगात में जिम्मेदारियों को समझती सिर्फ मैं
चटकीले रंगों में बेरंग सी सिर्फ मैं
बदलती दुनिया में खुद को समेटति सिर्फ मैं
आधुनिक शहर में छोटी गांव सी सिर्फ मैं
बड़ी पहल में छोटी ख्वाब सी सिर्फ मैं
बड़ी मकानों की होड़ में घर की दहलीज सी सिर्फ मैं
फरेब की दुनिया में खुद की विश्वास सी सिर्फ मैं
दिन के उजियार में रात की टीम-टीमाहट सी सिर्फ मैं
बेबाक दुनिया में डर से सहमी सी सिर्फ मैं
परिवर्तन के दौर में थम सी गई सिर्फ मैं
लाखों की भीड़ में अकेली सिर्फ मैं

4. मां चांद सा हो गई

लाखों की भीड़ में
मां चांद सा हो गई
सब सितारों की चाहत में सोए थे
मां ओझल आसमान हो गई
दूसरों को खिलाने वाली
आज खुद भूखे सो गई
लाखों की भीड़ में
मां चांद सा हो गई
आबे-ए-तल्ख मे रमे थे सब
मां दूषित गंगाजल हो गई
दूसरों को रोशनी देने वाली
आज अंधेरों में खो गई
लाखों की भीड़ में
मां चांद सा हो गई
मेरे हौसले को हिम्मत देने वाली
आज अपनी तबीयत में सिमट गई
हो सवेरा जिसकी आवाज से
वह गुमसुम शाम हो गई
लाखों की भीड़ में
मां चांद सा हो गई
आंचल में पनाह देने वाली
गोशा की गुलजार हो गई

सब ख्वाब में खोए थे
मां दूर हो गई
लाखों की भीड़ में
मां चांद सा हो गई

5. दर्पण

जिंदगी तू एक दर्पण सी लगती है मुझे
जहां बचपन में तू बड़े चटकीले रंगों से चमकती थी
आशा से भरी दर्पण में तू उम्मीद की प्रतिबिंब सी थी
ओझल आसमां में तू ममता से भरी किरण थी
जिसके आंचल में दीप की ज्योति भी
सूर्य के समान ऊर्जावान थी
जिंदगी तू एक दर्पण सी लगती है मुझे
अब जब कभी स्वयं के सोच के दर्पण में
झांकती हूं तो
इस दुनिया के बदलते रंगों से डर लगता है मुझे
जहां सत्यता की परत ओझल हो रही है
आधुनिकता से लिपटे अंधकार के बादल
सूर्य की लालिमा को
अपने विकास के कृत्रिम आवरण से ढक रहे हैं
जहां हर रोज़ प्रकृति का दर्पण
हमें भविष्य की चुनौतियों से अवगत कराता है
ये जानकर भी हम मनुष्य
अपनी आंखें बंद करके मुस्कुराते हैं
जिंदगी तू एक दर्पण सी लगती है मुझे
जिसमें दर्शन के दृष्टि से जिंदगी रूपी दर्पण
अपने श्वेत रंग से चेतना को नया रूप देती है
यह दर्पण कृत्रिम आवरण को तोड़कर

प्रकृति मां के आंचल ओढ़कर
जो सत्यता के रंगों से
जिंदगी के दर्पण को फिर से
बचपन के भांति चटकीले रंगों से
चमका देगी
जिंदगी तू एक दर्पण सी लगती है मुझे

6. पिता का हृदय

पिता का हृदय

जैसे स्नेह का सागर

जिस सागर की हर बूंद

हमारी मुस्कान के लिए

तपती धूप में जलती है

उस सागर सा महान है

पिता का हृदय

जो हर वक्त वृक्ष की भांति

तपती धूप में खड़ा रहता है

हमें स्नेह की छांव देने के लिए

उस वृक्ष सा महान है

पिता का हृदय

जो हिमालय की तरह

हर वक्त हमारा साथ देने के लिए

हमेशा तत्पर रहता है

उस विराट हिमालय सा महान है

पिता का हृदय

जो सूर्य की तरह

हमें रोशनी देने के लिए

खुद धूप में जलता है

उस सूर्य सा महान है

पिता का हृदय

जो हमारी भूख की तड़प मिटाने के लिए
खुद भूखे रह जाता है
हमारी मुस्कुराहट के लिए
खुद का आंसू भूल जाता है
जो हर मर्ज़ की दवा बन जाता है
वो पिता का हृदय है
जो मुश्किलों में भी मुस्कुराता है

7. किरदार

मैं किरदार निभा रही थी
होठों पर मुस्कुराहट सजा रही थी
आंखों की नमी को सुरमे से घटा रही थी
मैं किरदार निभा रही थी
चेहरे की शिकन मिटा रही थी
लिखे नसीब को आज़मा रही थी
मैं किरदार निभा रही थी
बंधी बंदिशों को चूड़ियों सी खनका रही थी
आईने में खुद को सवार रही थी
मैं किरदार निभा रही थी
बेशक मैं मुस्कुरा रही थी
दिल-ए-गम छुपा रही थी
क्योंकि...मैं किरदार निभा रही थी

8. है सिर्फ इंतजार तुम्हारा

परिकल्पना के सागर में मोती सा हृदय तुम्हारा

मेरी आंखें निहारती हर बूंद जलधाम तुम्हारा

अश्रु की असीम धारा करें इंतजार तुम्हारा

हर पहर ले अधर नाम तुम्हारा

परिकल्पना के सागर में मोती सा हृदय तुम्हारा

द्वंद से उठते हृदय के वेग को आस तुम्हारा

चंद्रप्रभा भी निहारे राह तुम्हारा

लोचन सवारती प्रेम का हर क्षण तुम्हारा

स्मृतियों के ताने-बाने में सिमटता जीवन

जिसे है सिर्फ इंतजार तुम्हारा

9. प्रेम

तुम्हारे प्रेम में उत्तेजना है
और मेरे प्रेम में सरलता जैसे
सावन की पहली बारिश जो
हृदय को उत्तेजित करती है जोरो से
धड़कने के लिए और आत्मा गहन सरलता की
ओर अग्रसर करती है मानो यह
हमारे प्रेम की उत्कृष्ट प्रकाष्ठा
की पहली वर्षा है।

10. हिंदुस्तान

हिंदुस्तान में बसती यू झांसी जैसी
रानी थी
लहराती है जिसके खून में आजादी की
खुमारी थी
तिरंगा के शान में जिसने तलवार
तानी थी
हिंदुस्तान में आई वह पैगाम
सुहानी थी
सर जमीन पर आई फिरंगो की
मनमानी थी
तब हिंदुस्तान में बसती यू झांसी जैसी
रानी थी

11. जिंदगी से पाया है

जन्मदिन के अवसर पर
स्मृतियों के पुष्प पल्लवित हो रहे हैं
जैसे अनंत आसमान मुझे देख कर मुस्कुरा रहा है
हर तरफ शुभ आशीष की कामना कर रहे लोग
जैसे मुझे जीवन जीने की
नई अभिलाषा से परिपूर्ण प्रेरणा दे रहे हैं
मानो जैसे संसार के सभी रंग मेरे लिए ही सवर रहे हैं
गंगा सी बहती मेरी पल-पल की स्मृतियां
मुझे अपने अनुभव का दीदार करा रही है
मेरी मुस्कुराती हुई मां
आज भी मेरे खाने की चिंता कर रही है
और मेरा परिवार जो मेरे हर मुश्किलों में
मेरा हाथ थामे खड़ा है
पथिक के रूप में पथ पर चलते हुए
मैंने अंधकार से लिपटी रात में भी
उम्मीद के चांद को तराशा है
शायद यही पाठ जिंदगी ने मुझे पढ़ाया है
जन्मदिन के अवसर
हां यही भेंट मैंने जिंदगी से पाया है

12. इशारा कर रहे थे

गुमसुम से हवा कुछ इशारा कर रहे थे

अकेले बैठे थे हम

मेरा मन बहला रहे थे

टूटे मेरे अरमानों को पंख लगा रहे थे

गुमसुम से हवा कुछ इशारा कर रहे थे

आंखों के आंसू को मुस्कान बना रहे थे

बिखरे जज्बातों को सिमटा जहान बना रहे थे

गुमसुम से हवा कुछ इशारा कर रहे थे

मेरे बेचैनियों को सुकून बना रहे थे

बिखरे लटो को सवार केश बना रहे थे

गुमसुम से हवा कुछ इशारा कर रहे थे

अकेले बैठे थे हम मेरा मन बहला रहे थे

13. मैं बैठी थी तेरे पास

यू एक रोज मैं गंगा किनारे बैठी
मंद हवाओं से बह रही थी
हम दोनों की तलाश
लिपटे हुए जज्बातों का
इम्तिहान ले रही थी इंतजार
जख्मों को समेट कर
आंसू सी रही थी मुस्कान
चाह के चमक में
रोशन हो रहे थे आसमान
खोज के तलब में
जग रहे थे अरमान
काश में सिमटे
आस में थी उसकी प्यास
गंगा हो चली अपने
सागर के पास
और मैं बैठी थी तेरे आस...

14. मैं कलम की स्याही

मैं कलम की स्याही
तुम कोरा कागज
मैं स्याही से लिखी शब्द
तुम शब्दों से लिपटे अर्थ
मैं तुम्हारी ख्वाबों की आजादी
तुम मेरे सिमटे स्याही के उड़ते पंछी
मैं तुम्हारी शब्दों की पहचान
तुम मेरे दर्द-ए-बयां के साथी
मैं तुम्हारी कागज-ए-बेगम
तुम मेरे बिखरे जज्बातों के अल्फाज
और मैं तुम्हारी अधूरी दास्तान...

15. क्यों

क्यों सिमट जाती हूं तेरे दहलीज पर आकर
क्यों बिखर जाती हूं तेरे बातों में आकर
क्यों दिल यूं मेरा संभलता नहीं तेरे यादों में आकर
क्यों कलम की स्याही लिख जाती है
दर्द मेरे ख्वाबों में आकर
क्यों....

16. महफिल-ए-कलम

महबूब ए कलम

कलम की स्याही से मुझे मोहब्बत क्या हुई
लोगों ने अल्फाजों के तलवार उठा लिए

रूह

रूह जिसे चाहती रही
वो जिस्म से लिपटा रहा

इश्क

तेरे गुफ्तगू मुझे गुमराह करते हैं मेरे इश्क से
मजबूर हो कर मैं गुनाह करती हूं तेरे इश्क में
सौ दफा कत्ल करके खुद का तेरे इश्क से
बेजुबा तड़पती हूं तेरे इश्क में
मुझे मोहब्बत नहीं तेरे इश्क से
मैं स्तुति करती हूं तेरे इश्क में

चारदीवारी

कोई इस चारदीवारी को तरसता है
कोई इस चारदीवारी में ही तड़पता है

उलझनों का सिरा

उलझनों का सिरा पकड़कर हम आसमां को तलाश रहे थे
बिखरे इस कदर कि अब कलम के शब्दों को सवार रहे

मैं चांदनी

मैं चांदनी अपनी अंधेरी रात की
बेशक एक दिन
सूरज सा चमकेगा
मेरा भी दिन..

ख्याल

आज बिस्तर पर लेट कर
इस पिंजड़े से आजाद होने का ख्याल आया
वजूद की दीवार खरोचति ही रही
कि फिर अचानक जिम्मेदारियों ने गले लगाया
और मैं नम पड़ गई

आसान

बेवजह मुस्कुराना आसान नहीं होता
दिल ए आरजू छुपाने के लिए

जो शख्स टूटा हो जमाने की बंदिशों से
उसका शायर हो जाना आसान नहीं होता
दिल ए गम भुलाने के लिए

मेरी मोहब्बत

वह बहती हवाएं
जो हर वक्त मुझे थामे रखती हैं
अपने इश्क के दायरों में
वही मेरी मोहब्बत है

तलब

गुजारिश नहीं थी मेरी मोहब्बत
उसे तलब आपकी थी

प्यास

बेवफाई की प्यास
तन्हाई बुझा रही है
उदास बैठे हैं हम
सितम रुला रही है